PORQUE NÃO ACREDITAR?

Editora Appris Ltda.
1ª Edição - Copyright© 2024 dos autores
Direitos de Edição Reservados à Editora Appris Ltda.

Nenhuma parte desta obra poderá ser utilizada indevidamente, sem estar de acordo com a Lei nº
9.610/98. Se incorreções forem encontradas, serão de exclusiva responsabilidade de seus organi-
zadores. Foi realizado o Depósito Legal na Fundação Biblioteca Nacional, de acordo com as Leis nos
10.994, de 14/12/2004, e 12.192, de 14/01/2010.

Catalogação na Fonte
Elaborado por: Josefina A. S. Guedes
Bibliotecária CRB 9/870

A662p 2024	Arantes, Mariana Valadão de
	Porque não acreditar? / Mariana Valadão de Arantes. – 1. ed. –
	Curitiba: Appris, 2024.
	37 p. ; 14 x 21 cm.
	1. Fé e esperança. 2. Depressão. 3. Conhecimento. 4. Ação.
	I. Arantes, Mariana Valadão de. II. Título
	CDD – 234.2

Livro de acordo com a normalização técnica da ABNT

Appris
editora

Editora e Livraria Appris Ltda.
Av. Manoel Ribas, 2265 – Mercês
Curitiba/PR – CEP: 80810-002
Tel. (41) 3156 - 4731
www.editoraappris.com.br

Printed in Brazil
Impresso no Brasil

Mariana Valadão de Arantes

PORQUE NÃO ACREDITAR?

FICHA TÉCNICA

EDITORIAL
Augusto V. de A. Coelho
Marli Caetano
Sara C. de Andrade Coelho

COMITÊ EDITORIAL
Andréa Barbosa Gouveia (UFPR)
Jacques de Lima Ferreira (UP)
Marilda Aparecida Behrens (PUCPR)
Ana El Achkar (UNIVERSO/RJ)
Conrado Moreira Mendes (PUC-MG)
Eliete Correia dos Santos (UEPB)
Fabiano Santos (UERJ/IESP)
Francinete Fernandes de Sousa (UEPB)
Francisco Carlos Duarte (PUCPR)
Francisco de Assis (Fiam-Faam, SP, Brasil)
Juliana Reichert Assunção Tonelli (UEL)
Maria Aparecida Barbosa (USP)
Maria Helena Zamora (PUC-Rio)
Maria Margarida de Andrade (Umack)
Roque Ismael da Costa Güllich (UFFS)
Toni Reis (UFPR)
Valdomiro de Oliveira (UFPR)
Valério Brusamolin (IFPR)

SUPERVISOR DA PRODUÇÃO
Renata Cristina Lopes Miccelli

ASSESSORIA EDITORIAL
Dione Kehl de Araújo Silva

REVISÃO
Mariana Valadão de Arantes

PRODUÇÃO EDITORIAL
Danielle Paulino

DIAGRAMAÇÃO
Carlos Eduardo Pereira
Karla Pipolo Olegário
Kananda Maria Costa Ferreira
Cristiane Santos Gomes

REVISÃO DE PROVA
Sara B. Santos Ribeiro Alves

CAPA
Estevão Misael
Mateus Mariano Bandeira

COMUNICAÇÃO
Selma Maria Fernandes do Valle

LANÇAMENTOS E EVENTOS
Sara B. Santos Ribeiro Alves

LIVRARIAS
Estevão Misael
Mateus Mariano Bandeira

GERÊNCIA DE FINANÇAS
Selma Maria Fernandes do Valle

13 de jan. de 2022

INTRODUÇÃO

Antes de começar a escrever o livro o nome da capa veio primeiro e sim eu estava ciente que muitos irão confundi-lo, *afinal, porque* não acreditar? Mas não digo no intuito de acreditar em Deus e sim porque não acreditar em si mesmo. Para mim, Deus está dentro de todas as pessoas, mesmo elas sendo boas ou ruins (o que seria bom ou ruim depende da pessoa).

A maioria de nós temos passados trágicos. Isso não é o que nos define. Afinal, se eu fosse me definir pelo meu passado, pelo que me aconteceu, eu seria um nada. Mas eu resolvi acreditar em mim. Também não digo para vocês que eu não penso em desistir. Sim, eu penso em desistir a cada instante. Se perguntarem hoje se eu preferia morrer ou estar viva eu diria que preferiria morrer. Mas como eu estou viva, prefiro fazer a diferença no mundo.

Nunca passou pela minha mente que escreveria um livro, mas aconteceu por circunstâncias da vida, destino ou obra do acaso... não sei. Eu sei que do nada como se fosse um passe de mágica algo aconteceu que me direcionou a escrever o livro.

No momento que eu mais estava perdida na vida eu acabei achando no chão um pingente e era justamente o Selo de Salomão. Eu odiava pensar em Destino. Porque Destino é como se alguém escreveu aquela história para mim, mas se sou eu que faço a minha realidade então o que existe são obras do acaso e o universo me ajudando alcançar o que eu quero.

No começo do livro eu tentei romantizar a história, porém decidi escrever a realidade, que a maioria das pessoas que são fortes não tiveram passado fáceis. A vida nunca será fácil para aqueles que veem dificuldade em tudo. Eu sei que a vida não é um mar de rosas, mas eu gosto de pensar que tudo é fácil assim fica mais fácil. Já passei pelas piores fases da minha vida, então para mim o que vir agora é fácil (tipo videogame. A gente passa primeiro pelas fases normais para depois vir o chefão. Comigo foi o contrário: passei pelo chefão e agora vem as fases normais).

Irei agora falar um pedaço sobre a história de Morgana.

SUMÁRIO

PASSADO 11

PRESENTE 11

LÍVIA 12

CONTANDO O SEGREDO 12

JULGAMENTOS E UMA VIAGEM 13

VAMOS REFLETIR UM POUCO!!! 14

MORGANA CRESCEU 15

PROCURANDO AJUDA 16

FEZ POR ELA 17

VIAGEM 18

ELA DESISTIU 19

VOLTANDO PARA CASA 21

DECIDIU LUTAR 21

ELA E A MENTE DELA 22

O GRANDE DESAFIO 23

A NOVA FASE 23

O PRIMEIRO AMOR 24

O TERCEIRO ENCONTRO 26

FINAL 28

O QUE REALMENTE ACONTECEU NA LIGAÇÃO 30

FRASES 33

CONCLUSÃO 34

PASSADO

Quando Morgana tinha quatro anos, era uma criança linda, de cabelos cacheados escuro, olhos verdes que hipnotizava e por onde passava todos falavam que ela parecia um anjo.

Seu pai, seu Marcelo, e sua mãe, dona Lívia, são separados e trabalhavam. Eles deixavam Morgana na casa da dona Laura, que era sua avó paterna. Mas, dona Laura também trabalhava e a única pessoa que tinha para tomar conta dela era o seu marido, o seu Renan, que vendia doce na frente de casa e todos confiavam nele,

Parecia ser um idoso bom, gentil, honesto e amigável, mas aconteceu uma coisa que mudou a vida de Morg: de extrovertida e alegre para introvertida triste.

Todos estavam muito atarefados e ninguém se importou.

Ela não sabia muito bem o que tinha acontecido, só que não era certo e que não poderia contar, porque era ameaçada: se abrisse a boca sua vó morria. Foi ficando mais velha e começou a entender o que tinha acontecido. Foi como se um Pedaço dela tivesse morrido.

PRESENTE

Na frente de todos ela fingia estar bem e alegre, mas por dentro estava destruída, arrasada e quando não tinha ninguém por perto chorava, segurando a respiração até ficar vermelha e perguntava (com uma voz doce nariz escorrendo e soluçando): Porque isso aconteceu comigo? Sou uma pessoa ruim? Isso acontece com crianças?

Lívia viajou com as meninas Morgana e sua irmã mais nova, Clara, para outro estado. Longe do acontecido, Morg pensou que seria tudo diferente, mas não adiantava. Para onde fosse, os problemas sempre iriam acompanhá-la porque eles estavam em sua mente.

Por ser mais velha, as coisas ficaram piores para Morg. Lívia trabalhava e Clara era mais nova, então as coisas ficaram nas costas dela e com o passar do tempo, Lívia acabou mudando de mãe dedicada e carinhosa que se mostrava para todos, para uma pessoa fria.

LÍVIA

Quando queria alguma coisa, Lívia era doce carinhosa, sabia conversar. Mas quando as meninas não tinham nada para lhe oferecer ou fosse contrariada, era cruel. Sempre estava atrás de dinheiro e fazia as meninas pedirem para os pais. E se recusassem tirar o celular, dava tratamento de gelo, falava que sumiria.

Ela sabia a fraqueza de cada uma delas, afinal é a mãe, mas não sabia o estrago que estava causando na mente das meninas. Ou melhor, ela não se importava, desde que conseguisse o que queria.

Lívia sempre foi mais dura como Morg. Qualquer coisa que acontecia na sua vida era culpa da menina... um prato que quebrou, o chefe que chama atenção, um relacionamento que não deu certo falava: Você é inútil. Não sabe fazer nada direito. A culpa é sua por eu estar passando por essas coisas.

A menina ficava confusa e não entendia o que realmente tinha feito, mas se a sua mãe que estava falando as coisas, ela acreditava que tudo era mesmo culpa sua e pensava: Eu devo ser inútil mesmo para essas coisas acontecerem comigo. Se eu morresse tudo iria ficar melhor. Eu só trago coisas ruins.

CONTANDO O SEGREDO

Certo dia veio a primeira menstruação de Morg. Ficou em choque, sem saber o que fazer e lembrou das coisas que aconteceram. Então, foi até a Lívia e falou: *Mãe, estou grávida.* (Ela pensou assim porque nenhum adulto responsável falou sobre esse assunto ou qualquer outro do tipo). Lívia achou estranho e riu na frente da garota e depois pediu para explicar. Ela desabou em choro, mas falou. Lívia pensou: *Essa menina deve estar sonhando, isso não aconteceu de verdade.* Ligou para Dona Laura que a orientou a fazer exame.

Foram no ginecologista, fizeram exames que nenhuma criança deveria passar. Ultrassom, que é fácil para ver se estava tudo bem e que não tinha nenhum bebê. E tinha um exame *streptococcus* (o exame do cotonete) esse foi horrível e serve para ver se tinha alguma doença que poderia ter sido transmitida.

Antes de entra na sala Morg puxa o braço da mãe e fala :

- *Mãe, não deixa eles fazerem isso comigo.(com olhar triste e chorando). Não teve jeito , ela entrou na sala e fez o exame e o resultado saia no dia seguinte.*

Hora de saber a verdade: *não era sonho.* O exame realmente comprovou que ela sofreu abuso por seu Renan

JULGAMENTOS E UMA VIAGEM

Um lado da família ficou horrorizada e o outro lado achou graça e ficou comentando:

Clara: *Tanto tempo que isso aconteceu e ela vem contar agora? Só porque ele não quis mais ela.*

Prima: *Ela não é mais virgem.*

Tia: *Ela que deve ter provocado ele.*

Eles não sabiam como esses comentários maldosos machucavam ou talvez eles soubessem e só estavam querendo deixá-la mais triste do que já estava.

O seu Marcelo viajou 28 horas de moto para chegar até a filha. Não falou nada para ninguém. Ele queria ouvir com detalhes o que tinha acontecido. Chegando, não conteve a emoção ao vê-la, Fazia um tempo que não a via. Ele queria ouvir.

Morg: *Pai, tem um tempo que isso aconteceu, não vou lembrar de tudo, só alguns detalhes.*

Seu Marcelo, com receio do que estava prestes a ouvir, disse: *Fala o que você lembra.*

Morg, segurando o choro falou: *Ele chupou meus peitos, passou a língua lá embaixo, passou o pinto dele na minha periquita e ficava fazendo movimentos estranhos e queria que eu colocasse o negócio dele na boca* (chorando). *Pai, isso não foi culpa minha.*

Seu Marcelo nem conseguiu se despedir de Morg direito com aquelas palavras

Com o jeito que ela falava, ele saiu de lá destruído e com sangue nos olhos e o único pensamento era *"EU VOU MATAR ELE"*. Transtornado, pegou a moto e foi em direção da casa da sua mãe para pegar seu Renan, mas ele já tinha fugido.

A menina ficou alegre, mesmo conversando menos de uma hora com seu pai. Ela poderia ter contado mais coisas, mas preferiu guardar para si.

VAMOS REFLETIR UM POUCO!!!

Vocês repararam que em nenhum momento mencionei que ela foi no psicólogo? Pois bem, não foi mas precisava. Por aparentar estar alegre sempre com sorriso no rosto e por não terem conhecimento, não levaram. Todos deixaram esse assunto de lado e foram viver sua vida, porque era mais fácil esquecer do que lembrar todos os dias que poderiam ter feito alguma coisa, mas por falta de atenção não fizeram. Esqueceram que quem mais precisava de ajuda não era eles.

MORGANA CRESCEU

Agora com 22 anos, ela ainda não havia buscando ajuda psicológica. A menina chorava sem parar, sentia um vazio, desesperança, falta de apetite e solidão. A dor era tanta que ela precisava se machucar. Aos poucos, ela começou a enrolar uma pequena quantidade de seus cabelos nos dedos e puxa, arrancando alguns fios. Mas ainda não era suficiente. Ela precisava sentir mais dor. Pegava uma colher e a metia com força mas coxas, que ficavam roxas na mesma hora.

Foi andando por aí que Morg que conheceu um grupo de garotas e saiu com elas. Até aí tudo bem!!! Elas foram beber e foi um copo atrás do outro com aquela brincadeirinha do "vira, vira" e quando foi ver estavam todas bêbadas. Uma derrubou o copo na mesa que derramou a bebida que molhando outra, era uma ida e vinda do banheiro o tempo todo. Entrou cheia de problemas e saiu leve, sorridente e brincando com todos. O sofrimento parecia ter acabado, era uma Sensação boa, a mente tinha finalmente dado descanso.

Quando acordou no outro dia tudo tinha voltado, mente não parava, não dava descanso. Mente: *Você é um lixo. Sua inútil. Não serve para nada.*

E por que Morg bebeu, a família começou a falar: *Porque que você fez isso? Você não é de beber!! Que ridículo que você fez. Estamos decepcionados.*

Em vez da família perguntar se ela estava bem, vieram com sete pedras na mão. E Morgana só pensava: *Ontem foi um dia bom e hoje vem isso? Ninguém pode me ver um pouco alegre. Eu não mereço ser feliz. Realmente não deveria ter nascido. Todos ficariam melhores e eu morresse.*

Naquele momento ela só queria sumir e também um pouco de alegria que só encontrava na bebida (Lastimável uma pessoa que querer fugir da realidade bebendo ,mas naquele momento foi o único modo que ela encontrou).

PROCURANDO AJUDA

Como ela se sentia sozinha ,procurou as garotas novamente e foi beber. O primeiro copo e já veio o alívio, a mente dela deu um descanso e ela só queria aproveitar. Foi copo em cima de copo até que uma das garotas falou: *Já chega vamos embora.* Morg, com a voz bobeira disse: *Só mais um, tá tão bom.* Decidiu ir. Levantou da cadeira sem aguentar andar e de salto alto e toda desengonçada foi para casa. Chegando lá, as meninas tiveram que ajudar Morg a entrar na casa sem fazer barulho e colocaram na cama.

No outro dia começou tudo de novo. A família torrando a paciência. Mente turbulenta e ela só queria beber e de novo foi para procurar as meninas.

Dessa vez não foi como das outras vezes: encheu a cara e caiu, todos ficaram olhando sem reação. Ela não levantou olharam e parecer que estava desmaiada,

Lhe deram um tapa no rosto e não acordou. Um teve a ideia de fazê-la cheirar álcool e com susto e um respiro alto acordou desnorteada, olhando para todos em sua volta. Estava tudo rodando e sua mente deu um branco e aos poucos foi retomando a consciência. Ainda tonta e com pensamento confuso colocou a mão na cabeça e falou: *Tem algo de errado comigo! Eu não sou assim! Devo procurar ajuda!*

Mal sabia ela que as coisas ficariam mais frustrante. No outro dia com a

Cabeça mais calma e quase tudo em ordem, Morg foi conversar com a família disse: *eu acho que preciso ir no psicólogo.*

Mãe: *Você não é louca*

Irmã: *Você só quer chamar atenção*

Prima: *Não tem mais o que inventar*

FEZ POR ELA

Todos foram negativos e ela ficou sem saber o que fazer. Então pensou: *só eu sei o que estou sentindo, só eu que sei por tudo que passei eu vou fazer isso por mim!!!*

Como naquele momento estava sem dinheiro, ela pesquisou e encontrou um lugar Chamado CAPS 2, que é de graça. Chegando lá fizeram uma ficha para poder passar e entrou na sala da psicóloga Alaíde que fez várias perguntas.

Alaíde: *Em uma escala de 1 a 10 sendo que o 10 é o mais alto. O quão feliz você pensa que é?*

Morg (quase chorando respondeu): *Um.*

Alaíde: *Comparando com seus amigos e familiares você se considera mais feliz que a maioria?*

Morg: *Não.*

Alaíde: *Com que frequência você se sente sozinha?*

Morg: *Sempre.*

Alaíde: *Com que frequência você se sente deprimido?*

Mog: *Todos os dias.*

Alaíde: *Quantas horas você dorme por dia?*

Morg: *Três horas, eu acho.*

Alaíde: *Com que frequência você adiar as suas metas ou seus sonhos?*

Morg: *Eu não tenho sonhos!*

Alaíde: *Você tem alguma preocupação que gostaria de falar?*

Chorando, Morg falou: *Eu sofri um abuso e ninguém me levou a um psicólogo.*

Alaíde: *Como foi?*

Morg contou o que tinha acontecido e completou: *Quase ninguém acreditou em mim. Eu tive que provar e foi horrível.*

Alaíde: *Você não conversa com alguém?*

Morg: *Eu fui educada para não mostrar sentimentos, fui negligenciada e não sei pedir ajuda, sempre vou dormir chorando para ninguém ver,eu sou inútil, imprestável, se eu morrer ninguém vai sentir falta.* (Morg chorou pela primeira vez na frente de alguém)

Alaíde: *Você é importante, você é especial. Se você morrer vai fazer falta até para mim, que te conheci hoje . Vou falar com a psiquiatra para passar algum remédio para dormir melhor e para ajudar com a tristeza. Volta daqui a 15 dias para sabermos se está funcionando e se precisar volta aqui antes do tempo pode vir.*

Morg achou que iria sair bem, mas saiu pior. Por mexer na ferida doía, era doloroso ouvir cada palavra que saia da boca dela e que não contava para ninguém. (Isso faz parte da terapia)

Antes de dar os 15 dias Morg piorou. Começou a ver sombras, estava apavorada e não queria sair de casa. A família achou que era drama e a levaram na psicóloga. Tiveram que aumentar os medicamentos.

VIAGEM

Ela resolveu ir para casa do seu pai para ver se algo mudava. A depressão estava tão forte que ela nem conseguia abrir um sorriso falso e às vezes dava crise de choro quase todos os dias. Seu pai vendo daquela situação teve a ideia e falou: *Filha, vamos fazer uma caminhada?* Sem coragem, colocou os sapatos e foi.

Saindo os dois juntos, seu Marcelo falava várias coisas diferentes para que ela conversasse e não adiantou. Quando chegou da caminhada abraçou todos, comeu umas frutas, tomou café e um banho e ficou no sofá o dia todo. Ela não conseguia fazer mais que aquilo, não tinha força. No outro dia seu pai fazia a Mesma coisa e ela pensava: Ele não quer que eu desista mas é muito difícil. E no outro dia, de novo. Foram dois meses assim, até que Morg pensou:

Eu não faço diferença. Pelo contrário, eu sou um peso, ele não merece uma pessoa como eu. Vou desistir, é melhor coisa que eu faço, mas vou voltar para casa da minha mãe, pois lá é mais fácil.

ELA DESISTIU

Voltou para casa da mãe e desistiu. Não se importava mais com nada, não adiantava fazer mais nada. Só que ela não tinha avisado para ninguém, ela não deu chance para que alguém lutasse com ela. (Não queria mais sofrer e nem fazer ninguém sofrer junto).

Os dias foram passando e ela só piorava. Levaram-na psiquiatra de novo. Com o aumento dos medicamentos, ficou dopada, ela não sorria e também não chorava,

Onde a colocavam, ela ficava e tinha que sempre ter alguém olhando. Não comia sozinha e não saía nem da cama se alguém não fosse tirá-la e passou por mais de seis meses assim, sem reação para nada.

Algo começou a mudar dentro de Morg e não era bom. A mente dela começava a doer de novo e ela não tinha outra reação a não ser se machucar. A família não entendia, parecia que ela não estava ali e do nada eu começava a se machucar com tudo, batia a cabeça na parede, dava soco se arranhava. Era triste (Aconteceram coisas piores mas é melhor deixa off, a maioria vai entender). Ela passou por um lugar da casa, parou e viu uma garota que parecia com ela e pensou: *essa garota se parece comigo, mas está gorda e muito triste.* Depois de minutos observando, se deu conta que ela era aquela garota e aquilo era um espelho e que os medicamentos deixaram inchada. Não acreditava, era demais para ela.

Morg : *Agora não dá mais, vou fazer o que eu já deveria ter feito desde começo, isso é muito para aguentar!!!!*

Ela colocou um sorriso no rosto e mudou a rotina. Acordava cedo, ria, fazia brincadeiras, abraçava todos em sua volta e falava quanto eles eram importantes. Ligou para quem estava longe dizendo quanto ela os amava e ficou fazendo isso durante uma semana e ninguém entendeu nada, ficando se perguntando: *Como é que ela está alegre? Porque que ela está alegre? O que aconteceu?*

Morg por dentro: *Vocês não percebem que eu preciso de ajuda, eu vou fazer a maior tragédia da minha vida olhe para mim de verdade, eu estou pedindo socorro e vocês não estão prestando atenção.*

Um dia foi dormir e não acordou. Acharam estranho e foram até ela. Tocaram as suas mãos: estavam geladas. Viraram o seu corpo e sua boca estava branca, tentaram sentir seus batimentos e não conseguiram. Todos ficaram em choque e ligaram para ambulância. E enquanto esperavam ,ficaram procurando um culpado e um falando para o outro:

Porque que você não prestou atenção?

Eu sabia que ela estava estranha!

Se eu soubesse teria aproveitado mais cada abraço!

Não é justo ela fazer isso com a gente!

Ela foi egoísta, só pensou nela!

Ela não pode morrer assim!

Eu me recuso aceitar que ela morra assim!!

A ambulância chegou e os socorristas iniciaram os primeiros socorros. Checaram a pulsação: quase nada. Sem respiração, iniciaram a reanimação cardiopulmonar com urgência. Primeira massagem cardíaca, depois o uso do reanimador. Ela chegou ao hospital quase sem vida.

Entrou em coma. O médico responsável falou: *qualquer mudança avisaremos a família.* No sexto dia ela começou a respirar sem aparelhos e a colocaram na ala da psiquiatria. Acordou, abriu os olhos, estava tudo branco. Sentiu picadas de agulhas e escutou uma moça falando: *você deu um trabalhão, hêm, menina?*

Aos poucos sua visão foi voltando. Sentou na cama, colocou a mão na cabeça, olhou para cima e indignada falou: *eu estou viva!!*

VOLTANDO PARA CASA

Ninguém sabia se falava no assunto ou se esquecia, mas todos estavam com medo e sempre teria que ficar alguém com Morg, pois não saberiam o que ela seria capaz de fazer.

Com a medicação trocada novamente, ficou uma semana calma, mas começou a piorar. A mente doía e ela falou: *Já vá se matar de novo e dessa vez iria dar certo*. E não aguentava mais ver todos tristes, preocupados e ela se achando inútil. Mas dessa vez todos perceberam e não a deixaram um minuto sozinha.

Passaram dias assim até que Clara falou: *Deixa ela, ela quer se matar não adianta fazer mais nada!!!*

Todos tinham perdido as esperanças e desistiram dela, todos estavam em pedaços. Morg se deu uma semana para tentar e dessa vez ninguém iria lhe atrapalhar. Mas seu pai sentiu algo e ligou dizendo: *você é linda, sempre quando eu acordava você para caminhar mesmo sem coragem você levantava todos os dias* (Admiração). *Eu era mais ogro não abraçava a família, você me ensinou a ser mais carinhoso* (chorando). *Hoje você está rindo comigo amanhã pode não estar.*

DECIDIU LUTAR

Aquelas palavras e escutando o seu pai chorando pela primeira vez, sentiu que era útil e que fazia diferença de verdade.

Agora iria começar a parte da sua vida mais difícil, que era a jornada da cura, praticamente sozinha e com medo.

A primeira mudanças foi trocar os medicamentos.Ela falou que o psiquiatra de costume mas ela falou que não iria trocar, então ela foi em outra especialista. E explicou que os medicamentos estavam deixado inxada e com estima baixa,

Ele mudou os medicamentos na mesma hora. Morg voltou para a psiquiatra de costume, ela não gostou e falou: *você vai piorar.* Morg pensou: *se eu errar pelo menos tem algo novo.* Morg respondeu: *vou continuar passando aqui e veremos.*

Agora tinha que superar os medos que a depressão colocou nela

ELA E A MENTE DELA

Como a mente dela já tinha acostumado a ser negativa por anos, ela tinha que fazer inverso: ser positiva. Morg começou a se agradecer e a ser sua melhor amiga.

Primeiro dia: *obrigado por acordar, vou tomar banho fui tomar seu café e no final do dia eu estou orgulhosa de você.*

No segundo dia: *obrigado por acordar, vamos na frente de casa sozinha?*

E no final do dia: *estou orgulhosa de você.*

No terceiro dia: *obrigado por acordar.*

A mente: *eu não consigo hoje!*

Morg: *só de você ter tentado eu estou orgulhosa de você ,amanhã a gente consegue!*

No quarto dia: *obrigado por eu acordar , vamos hoje até esquina?*

A mente: *eu estou com medo e se acontecer alguma coisa?*

Mesmo assim foi sozinha chegando lá respirou fundo e ficou dez minutos. Olhou para quem passava e com o sorriso no rosto e admirada pensava: *eu estou conseguindo, não acredito nisso.* E no final do dia: *eu estou orgulhosa de você.*

Passaram dias assim e cada dia ela estava indo mais longe e ninguém percebeu o que estava fazendo. Eles tinham desistido dela, mas ela teria que seguir agora.

O GRANDE DESAFIO

Morg foi nos profissionais de costume para pedir que retirassem medicamentos. A Psiquiatra falou: *vejo algo diferente no seu olhar eu vou retirar e qualquer alteração você volta aqui.*

Alaíde: *finalmente você conseguiu reagir.*

Morg: *eu tinha desistido.*

Alaíde olhou no fundo dos olhos Morg e falou: *Você não tinha desistido, quem desiste não procura ajuda. Você só não sabia como se levantar. Vejo que está melhor mas qualquer coisa volta aqui* (ela estava preocupada se Morg estava melhorando ou se era um momento se euforia).

Quando todos viram que ela realmente estava se curando, quase ninguém gostou, porque a garota que eles conheciam estava mudando a sua realidade, como ela passou muito tempo na depressão ainda não tinha sonhos e os 24 anos estava buscando.

A NOVA FASE

Morg queria mudar de apelido, porque ele lembrava uma pessoa que não existia mais e o passado que ela não queria ter tido. E assim todos deveriam associar que ela mudou. Agora ela queria ser chamada de Ana.

Ana começou a ser a pessoa que queriam que alguém tivesse sido para Morg, alguém que cuidasse, amasse, apoiasse, sentisse orgulho e admiração. Ana resolveu chamar o seu passado de Morg e colocou a frase que seu pai falou na frente do guarda-roupa e disse: *para lá eu não volto mais eu não me permitirei sofrer e chorar por algo ou mais ninguém. Eu mereço ser feliz e vou ser feliz não importa como.*

O PRIMEIRO AMOR

Ana achou que faltava alguém para ajudá-la a entender muitas coisas sobre a vida e ter novas experiências, porque ela iria conhecer um novo mundo agora.

Entrou em um site de relacionamento e começou a conversar com vários homens e um chamou sua atenção: seu nome era Eduardo, estilo cafajeste, sempre ocupado, mas tirava tempo para mandar mensagem, atencioso, divertido, inteligente e passou um mês tiveram um encontro.

Quando ela viu Eduardo pela primeira vez a intuição avisou que ele era manipulador, mas estava deslumbrada. Ficava reparando em cada detalhe, como sorriso dele, a forma que ele olhava para ela como se tivesse só ela no mundo, as mãos de mulher, o jeito que andava confiante e o modo misterioso.

Abriu a porta

Do carro e colocou o cinto nela.

Ana pensou: *ele é diferente.*

Eduardo: *Onde você gostaria de ir?*

Ana: *Vamos à praia, é melhor para conversar!*

Então foram sentar num banco e passaram horas conversando, até que o Eduardo começou a estratégia do toque para saber o quanto Ana estava confortável.

Colocou a mão no ombro dela e tirou. Ele reparou que ela não expressou nenhuma reação e continuou com outros toques no braço, depois tirou, pegou na mão e ficaram conversando. Ana cruzou suas mãos e no meio estava a dele .Formou um encaixe perfeito e ficou olhando a boca dele enquanto falava. Ele já tinham entendido tudo e falou:

Eduardo: *E se nós nos beijamos agora?*

Ana: *Faz tempo que eu não beijo ninguém, eu não lembro nem como faz isso!!* (com vergonha)

Eduardo: *Vamos ver então?*

Ana se aproximou da boca dele e ficou sem saber o que fazer, Ele toma atitude, lhe dá um selinho e logo depois começaram a se beijar, a sensação era leve,

Cada toque um arrepio. Parecia que só existia os dois no mundo. Ela já tinha decidido que ele era importante e perguntou se queria ter amizade-colorida, e ele aceitou na mesma hora.

Eduardo levou Ana para casa ele deu um beijo e falou: *Posso ir para casa ou Você quer que eu fique mais tempo?*

Ana pensou: *eu quero que fique mais tempo*, mas respondeu dando um selinho segurando na sua camisa: *Pode ir a gente se ver outro dia eu acho.*

Cada um foi para sua casa, Ana arquivou a conversa, pois achou que ele não a mandaria mais mensagens e foi dormir. Quando acordou nem quis ver se tinha mensagem dele e seguir sua rotina de costumes. Quando pegou o celular já era noite e estava escrito: *Bom dia, Ana,* com uma flor. Ela não esperava e ficou alegre. Eles começaram a conversar ainda mais e logo marcaram o outro dia para se encontrarem.

Igual como na primeira vez foi tudo lindo e intenso, mas quando foi no outro dia ele não mandou mais mensagem. Ana queria saber o que tinha acontecido, só que não iria mandar mensagem, e foi viver como se nada tivesse acontecido.

Passou quatro dias e Eduardo mandou uma carinha em seus status.

Ana respondeu: *Oi, sumido.*

Eduardo: *Você sentiu minha falta?*

Ana: *Achei que você não queria falar comigo.*

Eduardo: *Eu queria que você tivesse sentindo a minha falta.*

Ana: *Achei que você tivesse saído da minha vida.*

Eduardo: *Vi que estava seguindo sua vida como se eu não tivesse existido.*

Ana: *Você não achou que eu iria parar minha vida por sua causa, achou?*

Eduardo: *Não, eu não achei que você iria parar a sua vida, mas achei que pelo menos iria me procurar.*

Ana: Você não faz diferença, eu praticamente aprendi a me virar a vida toda sozinha.

Eduardo: *Eu estou aqui agora, você tem que parar de ser forte o tempo todo, você pode contar comigo.*

Ana se emocionou com aquelas palavras e quase caiu uma lágrima e pensou *"eu sei que a qualquer momento você vai embora, mesmo eu querendo muito que você fique"*, mas falou: *Será mesmo que posso confiar em você? Eu estou cansada das pessoas mentindo, manipulando e eu fico sem saber onde eu estou me metendo.*

Eduardo: *Eu não sou essas pessoas. Vamos nos ver?*

Ana: *Que maravilha* (toda empolgada)

Ana queria dar algo para mostrar que estava grata por Eduardo tem entrado na sua vida, então fez a mão um coração e escreveu: *Se somos gratos pelas coisas boas que nos acontecem na vida e ficam guardados em nossas memórias devemos ser mais gratos ainda por tudo aquilo que permanece no nosso lado e continuar fazendo parte do nosso dia a dia* (autor desconhecido).

O TERCEIRO ENCONTRO

Finalmente chegou o dia dele se reencontrarem. Quando Ana o viu, não conseguiu esconder as emoções. O sorriso foi de orelha a orelha, abraçou imediatamente, sentiu o cheiro do seu perfume, ela sentiu cada batida de seu coração e pegou o cartão lhe deu.

Eduardo: *Você está apaixonada?*

Ana: *Não.*

Eduardo: *Posso ler?*

Ana: *Mas se você ler agora eu vou ficar com vergonha!*

Eduardo: *Mas se eu não ler na sua frente como vai saber se eu gostei ou não?*

Ana com as bochechas toda vermelha falou: *Tá bom!!*

Ele abriu o coração e não imaginou que Ana tinha escrito. Os olhos dele brilhavam de um jeito diferente. Conversaram a noite toda e não viram a hora passando. Ana perguntou se ele não queria dormir no quarto dela já que estava muito tarde

Eduardo respondeu: *Se não for lhe causar nenhum problema...*

Ana: *Lógico que não, você sai de manhã bem cedo.*

Acabou que eles conversaram mais, ele falou dos projetos, dos sonhos dele e das loucuras de trabalho e Ana pensava *"nossa eu não tenho sonhos, nem projeto, estou perdida ainda e nem sei por onde começar."* Eles acabaram dormindo e quando acordaram já era tarde.

Eduardo: *Antes de ir quero te falar algo.*

Ana: *O quê?*

Eduardo: *Eu gosto de você, você gosta de mim?*

Ana arregalou os olhos e não sabia o que falar. Foi de repente, mas ela já estava apaixonada por ele e respondeu: *Eu não sei.*

Eduardo lhe deu um último beijo e um abraço bem apertado e saiu com a cabeça baixa. Depois de 20 minutos Ana sentiu um frio na barriga que chegava a Incomodá-la. Só não entendia o porquê, já que estava tudo bem.

As coisas começaram a mudar entre eles do dia para noite. Eduardo não mandava mais mensagens como antes, não ligava e nem se importava. Ana não sabia o que fazer e começou a ficar louca, querendo atenção dele de novo e ela começou a esperar as mensagens dele, ficava 24 horas com celular na mão até que ela pensou: *O que eu estou fazendo? Isso é loucura, vou desistir!!.* Quando ela estava desistindo, ele voltou a dar atenção que ela tanto queria. Passou dois dias assim e novamente começou a tratá-la de forma fria ela não conseguia entender o que estava acontecendo. Ele estava colocando ela na reserva não, estava deixando ela ir, mas também não estava tratando de forma que ela merecia.

Ana então tomou coragem, confrontou-o e pediu a verdade.

Eduardo: *Eu estou na dúvida entre você e outra pessoa.*

Ana, triste, falou: *Não se preocupe comigo, eu vou atrás de outra pessoa.*

Eduardo: *Nossa vai embora assim?*

Ana: *Você queria que eu desistisse e o que eu estou fazendo.*

Eduardo: *Eu não quero que você vá* (era o ego dele falando).

FINAL

Ele conseguiu ficar com o pezinho na vida dela, mas ela estava conhecendo outras pessoas, saindo. Ficou furioso quando soube e brigava e ela não sabia o que de fato ele queria, então, começou a se sentir mal por se divertir e parou de sair e de conhecer novas pessoas, gostava tanto dele que estava aceitando qualquer coisa que lhe era oferecido.

As conversas estava diminuindo, até chegar a hora que só ela mandava mensagens e ele só respondia, mas um dia ele mandou: *Você está sempre em cima mandando mensagem, nem dá um tempo para respirar, para saber se eu sinto sua falta ou não.*

Aquelas palavras foram como uma faca em seu coração. Ela desativou todas as redes sociais que ele a tinha e foi pensar na sua vida.

Ela pensando: *Na minha vida passada eu devo ter cometido muitos erros para estar pagando nessa. Eu realmente mereço coisas ruins que aconteceram na minha vida? Mesmo que fui uma pessoa má na minha outra vida eu já paguei foi tudo E ninguém merece ter uma vida como eu tive. O melhor fazer a desistir, eu não aguento, é demais para minha cabeça.*

PORQUE NÃO ACREDITAR?

Passa uns dias sem querer levantar da cama, deixou tudo de lado, triste, com angústia e saudade e morrendo de medo de quando ativar as redes sociais não tivessem uma mensagem dele.

Finalmente ela reativa as redes sociais Mas a tristeza dela por não ter nenhuma mensagem.

Então ela mandou uma mensagem.

Ana: *Quero falar contigo pela última vez.*

Ele respondeu na mesma hora: *Pode falar.*

Ana: *Só se for por ligação.*

Eduardo: *Tá bom.*

Ela ligou e cada toque que chamava seu coração doía e ele atendeu.

Ana meio sem jeito falou: *Oi.*

Eduardo: *Oi.*

Ana: *Sua voz não mudou nada.*

Eduardo riu

Ana: *Você sentiu minha falta nem que seja um pouquinho?*

Eduardo: *Um pouquinho, não vou mentir.*

Ana: *O que eu quero falar é difícil.*

Eduardo: *Se não quiser falar, não fala.*

Ana: *Eu quero falar.*

Eduardo: *Se te faz bem, pode falar.*

Ana: *Você gosta de mim ainda?*

Eduardo: *Não.*

Ana: *Isso vai ser mais difícil que eu pensei* (respirou fundo e falou). *Eu amo você.*

Eduardo: *Você tá emocionada.*

Ana: *Não, eu tirei uns dias para pensar.*

Eduardo: *Não posso aceitar seus sentimentos.*

Ana com os olhos cheios de lágrimas: *Eu sei, para você eu fui só um jogo!!*

Desligou o celular e caiu em lágrima. Ele sabia por tudo que ela tinha passado mas nem se importou. Ana desistiu, não queria mais viver, resolveu fazer o que devia ter feito há muito tempo, pois não queria mais passar por nenhum outro luto e morreu da pior forma.

O QUE REALMENTE ACONTECEU NA LIGAÇÃO.

Ana: *Você não mudou nada.*

Eduardo: *Como assim?*

Ana: *Continua o mesmo babaca e manipulador.*

Eduardo riu.

Ana: *Eu poderia transformar sua vida num inferno, mas nada seria tão gratificante do que você ver eu ser feliz sem você.*

Eduardo respirou fundo aliviado e falou: *Obrigado.*

Ana: *Eu sabia que eu merecia mais. E desligou.*

Ana pensando: *Estou sozinha de novo, nem sei por onde começar, mas eu mereço ser feliz depois de tanto sofrimento* (olhando no espelho, com o tom de voz mais calmo falou). *"Você é linda, maravilhosa, você consegue tudo que você quiser, você não vai baixar a cabeça, eu tenho orgulho de você"* e começou a Chorar.

Se acalmou, olhou novamente para espelho fixamente para os seus olhos como se tivesse olhando para dentro e com tom de voz mais firme grosso disse: *Não vou mais chorar, eu prometi que não iria sofrer mais por algo ou por alguém.*

Ela estava buscando por algo que estava perdido dentro dela, algo que só ela poderia achar, algo que fizesse a vida dela tem algum sentido.

Ela começou a se observar tanto por dentro quanto por fora e via que tudo estava uma tremenda bagunça. Tinha que arrumar as coisas dentro dela primeiro e começou a consumir vários conteúdos de autoconhecimento.

Buscando ser uma pessoa melhor não para as outras pessoas mas para ela mesma. De verdade, ela nunca foi boa com ela mesma. Pelo contrário. Ela ainda estava ligada às críticas, a tudo que falavam. A forma com que a descreviam ela se tornava, porque ainda não tinha coragem para ser quem realmente quem ela gostaria de ter sido verdade.

Pensamentos dela: *A partir de hoje eu não darei importância para as críticas, assim também com os elogios das pessoas.*

A única coisa que realmente importava era a opinião dela. Começou cada vez mais ser mais amável consigo mesma. Quando algo dava errado, em algo em vez de se chamar de lixo e inútil falava *"calma, não foi dessa vez, mas a próxima você consegue, você maravilhosa eu te amo"*, sempre focava em algo engraçado durante o seu dia.

Estava mudando tudo por dentro e sem perceber o lado de fora também mudou e tudo ficou mais calmo, suave e leve: "todos os dias são difíceis para os que estão aflitos, mas a vida é sempre agradável para as pessoas que têm um coração alegre"(provérbios 15:15 NTLH).

Ela mudou de uma forma tão grande que todos em sua volta não tinha como não notar, por onde passava todas a viam chegar.

Mesmo depois de algum tempo ela ainda sentia falta de algo e resolveu mandar mensagem para Eduardo e ele ignorou.

Ela viu em uma rede social que ele tinha assumido compromisso, mas não fez diferença porque ele a machucou de tantas formas que naquele momento amor que sentiu acabou.

No dia seguinte ela foi para praia fico admirando o mar e o sol por duas horas

Quando estava indo para casa encontrou um amigo e ele perguntou que ela iria fazer ela respondeu: *Nada.*

Amigo: *Vamos sair de noite?*

Ana: *Tá bom, que horas?*

Amigo: *19*

Ana: *Se eu demorar você me espera.*

E foi para q casa dela. Quando estava perto do horário, ela pegou a bike e saiu. No meio do caminho veio outra pessoa em sua direção e ela não conseguiu usar os freios. Foi tudo tão rápido que ele se bateram e foram para o chão na mesma hora. O carro passando do lado, o menino se levantou primeiro e falou:

Menino: *Moça, você está bem?* (nervoso)

Ana: *Calma, respira !!! Calma, respira!!!*

Menino: *Você machucou a testa!*

Ana: *E você a boca* (deu uma risada).

Menino: *Deixa eu te ajudar a levantar!!*

Ana: *Tá bom.*

Menino: *Me desculpa.*

Ana: O erro também foi meu. *Você pode me emprestar sua camisa para tirar lágrima dos olhos, a maquiagem entrou no olho está ardendo.*

Menino: *Tem uma toalha aqui, pode usar.*

Ana: *Obrigada, até outro dia.*

Menino: *Que a gente não se encontre assim* (abrir um sorriso).

Ela foi para seu compromisso. Já era mais de 20:00 horas. Foi no encontro com seu amigo, mas ele não estava, então foi dar uma volta pela cidade. Viu status de uma rede social de outro amigo e perguntou:

Ana: *Está onde?*

Amigo: *Perto de casa* (mandou a localização).

Enquanto procurava onde ele morava, pensou: *Estou em meios de ruas escuras e nem consideração a pessoa teve de me buscar se realmente quisesse minha companhia, estaria preocupado comigo.*

Algo na cabeça dela falou *"vai embora"* e foi para casa e com aquela escolha. Ela sentiu que algo havia mudado.

Antes de chegar em casa avistou sua menina interior com sorriso mais lindo de todos e com os olhos brilhantes uma riu para outra. Pensamentos da menina: *você é uma pessoa maravilhosa e finalmente você entendeu isso.*

FRASES

Se a vida toca uma música, dance, mas dança do seu jeito.

Agora percebeu que me perdeu e sabe que não adianta fazer mais nada a não ser me ver sendo, feliz sem você.

Sabe qual foi o momento que abri mão de você? Quando eu disse que te amava.

Você me tratou como um jogo e eu te tratei com o amor da minha vida.

Quando eu disse que te amava você achou que eu iria ficar na sua vida, mas na verdade estava partindo dela.

Não quero saber se o erro foi meu ou você que não quis, o que eu quero é ser feliz.

Tentei preencher o vazio que eu tinha com você, mas você era mais vazio que eu.

Eu queria ter transformado a sua vida no inferno, mas eu te amei a tal ponto que sua felicidade era importante para mim.

Disse que chamava pelo momento mais doloroso porque eu sabia que você não iria ficar.

Amar você foi meu primeiro ato de amor, o segundo foi abrir mão de você.

Seu erro foi achar que eu não queria ir embora, mas eu fui. Só achei queria sofrer demais, mas você não fez nenhuma diferença.

Eu te amei, não porque você estava carente, mas porque estava perdida ou porque não sabia o que fazer da minha vida. Eu chamei porque você me mostrou ser uma pessoa tão incrível e eu queria que você fizesse parte dela, mas quando você foi embora percebi que na verdade é uma pessoa que nunca existiu.

O primeiro passo não te leva onde você quer chegar, mas te tira de onde você está. Eu sei que às vezes pode parecer frustrante e cansativo você querer tanto algo e isso não acabar acontecendo do jeito que você quer na hora que você quer, mas tenha paciência e não desista. As vezes por tanto lutar, uma hora você consegue o seu objetivo.

Eu me considero uma super-heroína, meu poder é a resiliência ,resistência, amor, teimosia e coragem. Eu sou uma super-heroína não pelo fato de que eu vou querer salvar o mundo, mas sim, porque eu estou lutando o tempo todo. As vezes fico cansada, triste, desanimada e choro, mas quando eu acordo eu falo agora é hora de brilhar, porque eu sei que muitas pessoas se inspiram em mim e também sei que muitas outras querem me ver cair. Para essas pessoas que querem me ver cair, senta, porque eu vou brilhar e não aceito menos que isso de mim.

Me perguntaram qual era a pessoa que eu me inspirava e respondi: Eu, só eu. Conheço a minha história e minhas lutas para chegar aqui hoje, que não é brincadeira. Eu aguentei com sorriso no rosto o que muito não aguentariam

Chorando e gritando eu sempre falo: eu sou a super-heroína, só que da vida real.

CONCLUSÃO

Antes de começar a escrever o livro cometi a burrada de contar para as pessoas próximas achando que iriam me apoiar. Pelo contrário, só recebi críticas.

E as pessoas falam mal e riem pelas minhas costas. Quando vieram me falar eu respondi: *Tá bom* (com a expressão normal).

E a pessoa ainda falou: *Você não vai fazer nada.*

Eu: *Nada do que eu falar iria adiantar. As limitações dessas pessoas não são as minhas.*

Eu já tinha aprendido que não existe ninguém melhor que ninguém, o que existe é pessoas de mente pequena que não procuram crescer e nem vão atrás de todo o seu potencial.

Porque de escrever o livro?

Várias coisas acontecerem, a desilusão amorosa com essa pessoa que conheci estava escrevendo um livro, mas eu não tinha entendido ainda o recado. Depois eu entrei para o Tik Tok como sereia_de_botas e foi aí que um seguidor veio e falou: *Porque que você não escreve um livro.* Fiquei pensando: *Será que eu tenho capacidade de escrever um livro?* No começo eu não acreditei que eu pudesse, mas como Diz o nome do livro: *Porque não acreditar?*

Eu não acreditava em mim, não acreditava que poderia sair da depressão, não acreditava que poderia escrever o livro, não acreditava que poderia seguir os meus sonhos. Não porque eu não acreditava no meu potencial, pelo contrário, acredito bastante nele, só que ao mesmo tempo eu me sentia inútil, porque a minha mente estava acostumada com negatividade. Eu não via positividade em nada. Como falei, deu um grande trabalho para tirar minha mente da negatividade. Não foi do dia para noite. Eu tive que, praticamente, me observar como se eu fosse outra pessoa o tempo inteiro, 24 horas por dia. E sem falar que tinha familiares para me colocar mais negatividade, mas fui me afastando de todos. No começo foi difícil por causa da depressão. Fiquei com medo de voltar a sentir tudo aquilo de novo, por não ter quase ninguém perto de mim, mas ao mesmo tempo foi libertador . Eu fui me conhecendo um pouco melhor. Quando ninguém estava perto, fui fazer o que gostava e consegui realizar alguns projetos, mesmos pequenos. As próximas metas? Bom, vou fica em silêncio.

Precisamos falar para as pessoas o quanto elas são importantes em nossa vida, porque não adianta nada falar depois que forem embora. Ultimamente vejo que as pessoas estão tão ocupadas com celulares, com as suas vidas, que esquecem de quem está à sua volta. Principalmente se você tiver com ente querido com seu psicológico abalado. Às vezes uma palavra muda o dia dessa pessoa ou se você não souber nada para dizer, simplesmente senta perto dessa pessoa e espera ela falar. Ou chorar.

Toma cuidado ao entrar na vida de alguém. As vezes você não sabe o tamanho das coisas que ela já passou e se não puder deixar algo de bom que também não deixa nada de ruim.

Uma das maiores dificuldades que tive foi de pôr limites. No começo, todo mundo se afastou. Disse que eu era ruim, sendo que eu estava só não priorizando e tratando eles como eles estavam me tratando e mesmo assim parecia ser tão errado uma coisa que deveria ser normal.

E passar muito tempo com depressão criou uma personalidade que, na verdade, não era minha e isso foi até um choque para mim também, porque nem eu estava acostumada com aquela mudança repentina do meu ser. E ainda carregar aquele peso de decepcionar todo mundo porque eles não me conheciam, mas eu tinha que fazer isso mais rápido que eu pudesse. Não porque não os amava, e eu os amava demais, mas porque eu mudei, ou melhor, eu me reencontrei. Eu conheci uma pessoa dentro de mim que eu jamais tinha conhecido, nem ela existia e ela estava doida para sair. Por isso que dói tanto as mudanças: porque ao mesmo tempo que uma pessoa nova precisa sair de nós, outra pessoa dentro de nós precisa morrer. Aí que me dei conta que ao mesmo tempo que a gente vive a vida, a gente também vive o luto.

E quando você para de sobreviver para começar a viver, o mundo é tão assustador e tão mágico ao mesmo tempo. As pessoas são más e ao mesmo tempo são boas.

Onde há escuridão há luz e onde há luz, há escuridão. Uma pessoa não é 100% boa, assim como outra também não são 100% má e mesmo uma pessoa sendo 100% boa estaria machucando ela mesma. Então ela seria má só que com ela.

PORQUE NÃO ACREDITAR?

E como eu já falei, a maioria tem passado difíceis, mas o que importa é o que fazemos com ele, usamos para aprender e nos fortalecer ou ficamos no chão reclamando da vida .

Você cria a sua realidade: *Acredita?*